4372

EPISTRE CHAGRINE,
A MONSEIGNEVR
LE MARESCHAL
D'ALBRET.

A PARIS,
Chez AVGVSTIN COVRBE', dans la petite
Salle du Palais, à la Palme.

M. DC. LIX.
Auec Priuilege du Roy.

EPISTRE
CHAGRINE,
A MONSEIGNEVR
LE MARESCHAL
D'ALBRET.

RAVE D'ALBRET dont l'écla-
tant renom,
Donne du lustre à ton illustre nom,
Bien que ton nom à tel point soit illustre,
Qu'il peut seruir à tous autres de lustre.
On peut t'aymer, ou par ambition,
Pour ta naissance, & ta condition,

A ij

EPISTRE CHAGRINE,

Ou par amour, pour tout ce que d'aimable,
Tout ce qu'en toy l'on trouve d'adorable,
Pour ta valeur portée au plus haut point,
Pour ton esprit qui ne luy cede point,
Ta riche taille, & ta mine guerriere,
Pour l'air charmant de ta personne entiere;
Cét air charmant, dont mesme en tes vieux ans,
Il paroistra que tu fus Miossens,
Ce Miossens aux Maris si terrible,
Ce Miossens à l'amour si sensible:
Mais si leger en toutes ses amours,
Qu'il change encore, & changera toûjours.
Enfin on peut pour differentes causes,
Aimer en toy mille excellentes choses,
Et tu n'as rien qui ne soit precieux;
Mais la Bonté, ce rare don des Cieux
Me touche plus qu'vn merite sublime;
C'est ta bonté qui gagna mon estime,
Et qui gagna mon cœur bien-tost apres,
Comme l'amour suit l'estime de prés.
Mais fusses-tu sans bonté ny tendresse,
Vn Courtisan que le gain interesse,
Et c'est beaucoup te dire en peu de mots;
Car il n'est pas de pires animaux,
Ie t'aimerois toûjours, je te le jure,
Et tu crois bien que c'est d'amitié pure,

A M. LE MARESCHAL D'ALBRET.

Et qu'en l'estat où m'a mis le Seigneur,
On ne sçauroit aimer qu'en tout honneur.
O! si le Ciel nous eust faits l'un pour l'autre,
Peu d'amitiez eussent passé la nostre:
Mais le merite estant de ton costé,
Et la grandeur, & la prosperité,
Et moy n'estant que deffauts, que miseres,
Que desespoirs, que mauuaises affaires,
Et dequoy Diable un objet de pitié,
Auroit-il pû payer ton amitié?
Sans m'aimer donc, souffre au moins que l'on t'aime,
C'est trop pour moy: Mais par un heur extréme,
Si tu voulois m'aimer bien fort aussi,
Par la raison qu'on t'aimeroit ainsi.
Que de bon cœur, ô Fortune cruelle!
On oublieroit comme une bagatelle,
Les rudes maux que ta haine m'a faits,
Qui m'ont souuent fait tomber sous le faix;
Que de Lauriers couronneroient ma teste,
Pour auoir fait une telle conqueste,
Auoir sçeu faire un amy precieux,
D'un vray Heros descendu de nos Dieux,
Dans la saison que ma vie auancée,
N'est déja plus qu'une histoire passée,
Et qu'en l'estat où mes malheurs m'ont mis,
On n'est plus propre à faire des Amis.

Mais brisons là plaisirs imaginaires,
Chasteaux en l'air, inutiles chimeres,
Que mon d'Albret m'aime, ou ne m'aime pas,
Aimons toûjours, n'en soyons jamais las;
Et recherchons les moyens de luy plaire;
Adressons-luy nostre Epistre colere,
Dernier chagrin d'une Muse en couroux,
Contre plusieurs, & quasi contre tous.
Sans souffrir donc que la rime trop forte,
Loin du sujet plus long-temps nous emporte,
Irritons nous, & la plume à la main,
Faisons la Guerre à tout le Genre humain.
Et ce n'est pas une maligne enuie,
Qui m'ait causé cette Misantropie;
Ie hai ce vice, & ne suis point de ceux,
Qui ne sçauroient souffrir un homme heureux.
Mais qui, grand Dieu! pour peu qu'il sçache écrire,
Peut s'empescher de faire une Satyre?
Quand tout est plein d'Impertinens diuers,
Qui peut, grand Dieu! ne point faire de Vers?
Non de ces Vers de quelque ame damnée,
De quelque Amant mal en sa Destinée,
Qui va conter ses maux de point en point,
Aux durs Rochers qui ne l'écoutent point.
Non de ces Vers pour la belle Amarante,
Ou quelque Fat de ses faueurs se vante,

A M. LE MARESCHAL D'ALBRET.

Et fait grand bruit des plaisirs qu'il n'a pas,
Et c'est ainsi qu'on baise de cent pas.
Non de ces Vers tels qu'en fait, & qu'en gaste,
Vn pauure Auteur qui trauaille à la haste,
Et qui pressé de son méchant habit,
Fagotte vne Ode à quelque homme en credit.
Non de ces Vers, dont mille faux Corneilles,
Tous les Hyuers fatiguent nos oreilles,
Vers ramassez, éclatans d'Oripeau,
Qui font donner la Cour dans le panneau :
Mais ce n'est pas vne grande merueille,
Tout ignorant se surprend par l'oreille,
Et juge mieux des canons, & galans,
Que des Vers forts, naturels, ou galans.
Non de ces Vers dont la fin est de plaire :
Mais des chagrins qu'enfante la colere,
Tels qu'autrefois Horace, & Iuuenal,
Ou bien quelqu'autre illustre Original,
Ont décochez à l'enuy l'vn de l'autre,
Contre leur Siecle, en tout passant le nostre,
Hors en fâcheux, en quoy sans vanité,
Sur les Romains nous l'auons emporté.
O qu'il en est de Genres, & de Sectes,
De ces Fâcheux, pires que des insectes !
O qu'il en est dans les murs de Paris !
Sans excepter Messieurs les beaux Esprits,

EPISTRE CHAGRINE,

Mesme de ceux qui de l'Academie,
Forment la belle & docte Compagnie.
O qu'il en est à la Cour comme ailleurs!
Sans excepter Princes ny grands Seigneurs.
O qu'il en est, & plus que l'on ne pense,
Dans nostre noble & florissante France!
Tel est Fâcheux, & fâcheux diablement,
Qui des Fâcheux se plaint incessamment;
Tel de Fâcheux a merité le titre,
Qui sera peint au vif dans mon Epistre,
Et que d'abord chacun reconnoistra,
Et qui pourtant des premiers en rira.
Tous les Fâcheux qui ne pensent pas l'estre,
Sont sans remede, à moins que de renaistre,
Ou bien disons, puis qu'on ne renaist pas,
Que tout fâcheux l'est jusqu'à son trépas,
Et s'il en est que les ans rendent sages,
Ie les compare à de vieux pucelages,
Que moy Pecheur, je croy presque aussi peu,
Que cét Oyseau qu'on dit renaistre au feu.
Mais revenons aux Fâcheux & Fâcheuses,
Au rang de qui je mets les Precieuses,
Fausses s'entend, & de qui tout le bon,
Est seulement un langage ou jargon,
Vn parler gras, plusieurs sottes manieres,
Et qui ne sont enfin que façonnieres,

Et

A M. LE MARESCHAL D'ALBRET.

Et ne sont pas precieuses de prix,
Comme il en est deux ou trois dans Paris,
Que l'on respecte autant que des Princesses :
Mais elles font quantité de Singesses,
Et l'on peut dire auecque verité,
Que leur modelle en a beaucoup gasté.
Depuis le temps que perclus de mes membres,
Pour moy Paris est reduit à deux chambres,
Ie ne sçay rien que par Relation ;
Ie fay pourtant souuent reflexion,
Sur les Fâcheux que j'ay veus en ma vie,
Ainsi j'en ay la memoire remplie,
Et puis encore en parler en sçauant,
Si les Fâcheux sont comme cy-deuant.
Il n'en est point qui donnent tant de peine,
Que ceux pour qui, loin d'auoir de la haine,
On a respect, ou bien pour leur bonté,
Ou pour quelqu'autre aimable qualité.
Grand Dieu ! par qui je respire & je rime,
Déliure-moy d'vn Fâcheux que j'estime.
Vn esprit doux est souuent bien fâcheux,
Et me paroist d'autant plus dangereux,
Qu'honnestement on ne se peut défaire,
De qui toûjours affecte de vous plaire,
Et mesme alors que l'on le pousse à bout,
Vous rit au nez, & vous accorde tout.

B

Vn franc brutal contestant comme vn Diable,
En certains temps seroit plus supportable :
Car bien souuent les contestations,
Sont tout le sel des conuersations,
Ie ne dy pas qu'vn contesteur n'ennuye ;
Mais il est bon quelquefois que l'on nie.
Qui beaucoup parle, & toûjours de son mieux,
Est vn Fâcheux des plus fastidieux,
I'entens parler des Hommes & des Femmes,
Tout ce qu'il dit est pointe d'Epigrammes,
Tout son plaisir est faire à complimens,
Tels qu'on en lit dans les plus sots Romans.
Ie vis vn jour deux hommes de la sorte,
S'estocader en s'offrant vne Porte,
Sans qu'aucun d'eux eust jamais le dernier,
Et leur conflit fut d'vn quart d'heure entier.
Vn doucereux, magazin de fleurette,
Qui donne à tout ; à Maistresse, à Soubrette,
Et qui pourueu que l'on ait des Tetons,
Quand ils seroient trop voisins & trop longs,
Croiroit manquer à sa galanterie,
S'il ne poussoit quelque douceur fleurie,
Est odieux à tous les gens de bien.
Il est ainsi des grands diseurs de rien,
De ceux qui font d'éternelles redittes,
De ceux qui font de trop longues visites,

A M. LE MARESCHAL D'ALBRET.

Adjoûtons-y les Reciteurs de Vers.
Ceux qui premiers sçauent les nouueaux Airs,
Et qui par tout d'vne voix temeraire,
Osent chanter comme feroit Hilaire.
Le grand parleur toûjours gesticulant.
Celuy qui rit, & s'écoute en parlant.
Le Clabaudeur qui d'étonne, ou qui braille,
Ou qui parlant vous frappe, & vous tiraille,
Ou qui rebat jusqu'à l'éternité,
Quelque vieux conte ou chapitre affecté,
Ou qui n'oit pas quelque accident notable,
Qu'il n'en conte vn de soy presque semblable.
Vn Putrefait qui vous vient approcher.
Des Inconnus qui vous nomment, Mon Cher.
L'Admirateur qui sur tout se r'écrie,
Vn Importun qui tous les jours vous prie,
D'aller chez luy prendre vn méchant repas,
Et le fait tel, qu'on n'y retourne pas.
Les Indiscrets qui sans licence viennent,
Se mettre en tiers à deux qui s'entretiennent,
Tous ces gens-là devroient estre chassez,
Hors de l'enclos des murs bien pollissez.
N'oublions pas l'Ignorant qui decide,
Ni le franc Fat, qui par vn front qu'il ride,
Et que toûjours il ride sans sujet,
Donne à penser qu'il fait vn grand projet.

B ij

EPISTRE CHAGRINE,

Ny le Resueur, qui quoy qu'on luy propose,
Quoy qu'on luy dise, ou resue à quelque chose,
Ou sans songer que vous l'entretenez,
En entretient vn autre à vostre nez.
Ny le Gaillard, qui de tout rit & raille,
Goguenardant sur tout, vaille que vaille.
Ajoûtons-y tous les mauuais Plaisans,
Tant Campagnars, Bourgeois, que Courtisans,
A qui l'on dit, faites-nous vn bon conte.
Pour ceux de qui la repartie est prompte,
Admirateurs des bons mots anciens,
Des Grecs, Romains, Lacedemoniens,
Ils sont fâcheux de la mesme maniere,
Qu'vn Picoteur ou Rompeur en visiere.
Les grands Seigneurs qui prosnent leurs exploits,
Leur grand credit, leurs importans emplois,
Et qui par tout font comme vn manifeste,
De leur haut rang, qu'aucun ne leur conteste,
Ont en cela quelque chose de bas,
Leur grand merite icy fait vn faux pas,
Et l'on a veu plus d'vn grand Personnage,
S'estre rendu fâcheux par ce langage.
Tout inciuil ou ciuil par excés.
Ceux qui toûjours parlent de leurs procés,
De leurs Amours, affaires & querelles.
Ceux qui toûjours debitent des nouuelles,

A M. LE MARESCHAL D'ALBRET.

Sans qu'on les ait priez d'en debiter,
Et ceux aussi qui ne font que pester,
Bien que le Sort ne leur soit pas contraire,
Tous ces Fâcheux le sont plus qu'un Beaupere,
Les Eternels faiseurs de Questions,
Font enrager toutes les Nations.
Les Patineurs sont tres-insupportables,
Mesme aux Beautez qui sont tres-patinables.
Le drosle Alerte, autrement le Madré,
Est tres-fâcheux, tout bien consideré.
Ceux dont les fleurs sont par l'âge effacées,
Et qui toûjours de leurs beautez passées,
Font inutile, & vaine mention,
Au cher objet de leur affection,
Sont ennuyeux aux beautez Printannieres,
Et leurs desseins par là n'auancent guieres.
Vn sot Poëte est partout detesté,
Et de son Siecle est l'incommodité.
Vn Ecriueur seulement pour écrire,
Qui n'aura rien bien souuent à vous dire,
Et dont la rage est montée à tel point,
Qu'il vous écrit, & ne vous connoist point,
Est vn Fâcheux necessiteux de gloire,
Vain comme vn Diable, & qui s'en fait accroire.
Vn Courtisan qui se croit vn grand Clerc,
Par la raison qu'il aura le bel Air,

Et qui se croit par la seule lumiere,
De son Esprit maistre en toute matiere,
Iuge de tout tres-temerairement,
Souuent aussi tres-impertinemment.
Mille à la Cour se seruent d'indolence,
Pour exprimer langueur & nonchalance,
Et vous diront d'vn ton triste & dolent,
Depuis huit jours je suis tout indolent,
Et nommeront des Beautez indolentes,
Qu'en bon François nous nommons nonchalantes,
Sauf le respect qu'on doit à vos bons sens,
Parlez correct, Messieurs les Courtisans.
Je ne dy pas que dans la Bourgeoisie,
Qui de la Cour est toûjours la copie,
Mille Badauts aussi d'vn ton dolent,
N'abusent pas du terme d'indolent.
Mais qu'à la Cour les plus belles Caballes,
Parlent par fois le langage des Halles!
Quelle ignorance! Est-il terme plus clair.
Que l'indolence? ô Messieurs du bel Air,
Encore passe au Lourdaut de Campagne,
Qui ne lit point Epicure, ou Montagne;
Mes beaux Messieurs, qui de tout decidez,
Ne dittes rien si vous ne l'entendez.
J'ay trop poussé peut-estre la matiere:
Mais cette erreur d'vne étrange maniere,

A M. LE MARESCHAL D'ALBRET.

M'a chagriné depuis deux ou trois ans,
Et j'en voudrois guerir les Courtisans.
Vn Parasite animal famelique,
Qui court par tout la Table magnifique,
Et là, debite en faisant de son mieux,
Tous ses bons mots, & tous ses contes vieux,
Est vn Fâcheux qui supernumeraire,
Se va saouler comme vn Loup sanguinaire,
Où bien souuent il n'est pas appellé.
L'ingrat Bouffon n'est pas plutost saoulé,
Qu'il va profner du Sot qui le substante,
Tout ce qu'il sçait, & tout ce qu'il inuente.
On est plaisant ainsi : Mais que sçait-on ?
On peut aussi s'exposer au Bâton.
Qu'il est fâcheux le Fat, quand il conseille !
Qu'ils sont fâcheux les parleurs à l'oreille,
Et qui pourroient sans peril dire à tous,
Ce grand secret qu'ils ne disent qu'à vous !
Qu'on est fâcheux aux bonnes compagnies,
De ne parler que de ses maladies !
Qu'il est fâcheux aux Malades d'oüir,
Prenez courage, il se faut réjoüir.
Mais j'oubliois, Peste de ma memoire,
Celuy qui fait grand can can d'vne Histoire,
Ou vous promet vn conte plein d'Esprit,
Et ne tient rien de ce qu'il vous a dit.

Et j'oubliois les vieilles surannées,
Qui sans songer à leurs longues années,
Ne veulent rien rabattre de quinze ans,
Et s'attendront à des soins complaisans,
Qu'on ne rend plus à de telles Guenones,
Et j'oubliois de fâcheuses Personnes,
Les creanciers que l'on voit chaque jour.
Le Franc Bourgeois qui fait l'homme de Cour,
Et quand il est chez les gens de la Ville,
Qui dit tout sec, Turenne, Longueuille,
(Se gardant bien de donner du Monsieur)
Le Mareschal; le Petit Commandeur,
J'estois au Cours auecque les Comtesses,
Où je joüois auec telles Duchesses,
Est vn Fâcheux qui diuertit par fois;
Mais il ne faut le voir que tous les Mois.
Vous en serez, ô Questeurs & Questeuses,
Du nombre affreux des Fâcheux & Fâcheuses,
Vous, Effrontez, qui souuent demandez.
Et vous Parens, qui trop reprimendez,
Et vous aussi qui par vostre silence,
Vostre soûrire, & vostre contenance,
Nous déguisez vn esprit de cheual,
Démasquez-vous, & parlez bien ou mal,
Si vous voulez qu'on sçache qui vous estes.
On juge mal des personnes müettes,

L'on

A M. LE MARESCHAL D'ALBRET.

L'on ne croit plus que mediocrement,
Qu'vn Taciturne abonde en jugement.
Vous en serez, ô vieilles Pecheresses,
Dont l'on a sceu les impures jeunesses,
Et n'estant plus en estat de pecher,
Qui vous mêlez de nous venir prescher,
En grand soucy pour les pechez des autres,
En grand repos cependant pour les vostres.
Et songez-vous lors que vous nous preschez,
Qu'il n'est partout bruit que de vos pechez.
Mais vous trouuez la Censure vn peu forte,
Et vous grondez, le Diable vous emporte.
Vous en serez, vous dont la chasteté,
Remplit l'esprit d'vne sotte fierté,
Qui pretendez qu'aux pudiques Lucresses,
Il est permis de faire les Diablesses,
Et que pourueu qu'on garde son honneur,
On peut n'auoir ny bonté ny douceur;
Et là-dessus, ô Mesdames les Prudes!
Vous deuenez inciuiles & rudes,
Et tout le Monde, & mesme vos Epoux,
Ont à souffrir, & se plaindre de vous.
Quoy! si le Ciel, vous fit naistre stupides;
Si les plaisirs sont pour vous insipides,
Si vous gardez vostre honneur cherement,
Moins par vertu, que par temperament,

C

EPISTRE CHAGRINE,

Pretendez-vous, Prudes insupportables !
Que les Humains vous en soient redeuables,
Et qui grand Dieu, lors que vous viuez bien,
Si ce n'est vous en reçoit quelque bien ?
Soyez, soyez un peu moins vertueuses,
Si vous voulez, mais aussi moins fâcheuses,
Mais te parlant si long-temps des Fâcheux,
Ie pourrois bien le deuenir plus qu'eux.
Ie finis donc, Cher D'ALBRET, & conjure,
Le Tout-puissant Maistre de la Nature,
De détourner de toy tout grand Hableur;
Tout froid Bouffon, & tout grand Emprunteur,
Et que de moy ton tres-humble, il détourne,
Tout Campagnart qui dans Paris sejourne,
Qui n'ayant rien à faire tous les jours,
Me rend visite auant l'heure du Cours,
Comme on va voir le Lyon de la Foire :
Lors se seruant de l'heureuse memoire,
Dont le Seigneur l'a pourueu richement,
Il me décoche un tres-long compliment,
Et moy qui suis la vraye Antipatie,
Du compliment & de la repartie,
Ie me défaits, ou me mets à pleurer,
Et le Fâcheux qui pensoit admirer,
Tous les grands mots que je luy deuois dire,
Mal satisfait de chez moy se retire,

A M. LE MARESCHAL D'ALBRET.

Et dit par tout, au moins il le deuroit,
Ce Scarron-là n'est pas tout ce qu'on croit.
Mais que je passe, & sur Terre, & sur Onde,
Pour le plus Fat de tous les Fats du Monde,
Si dans l'Esprit de FOVCQVET mon Patron,
Et dans le tien, moy mal-heureux Scarron,
Ie puis toûjours conseruer quelque estime,
Que le Destin qui m'a mis hors d'escrime,
M'expose encore à quelque nouueau Choc,
I'auray l'Esprit aussi ferme qu'vn Roc.

FIN.

www.ingramcontent.com/pod-product-compliance
Lightning Source LLC
Chambersburg PA
CBHW071439060426
42450CB00009BA/2252